TUM

Mudit Mishra

First published in 2021 by
BecomeShakespeare.com

One Point Six Technologies Pvt Ltd, 123, Building J2, Shram Seva Premises, Wadala Truck Terminus, Wadala (E), Mumbai - 400037
T:+91 8080226699

Copyright © 2021 by Mudit Mishra

Cover Designed by Mudit Mishra

ISBN: 978-93-5458-604-0

अम्मा-बाबा, आपके लिए!

कलाकार!

तुम लोग ढूंढ रहे हो, मैं कहानी ढूंढ रहा हूँ,

तुम ज़िन्दगी जी रहे हो, मैं एक किरदार जी रहा हूँ,

तुम साँस ले रहे हो, मैं साँस लेने का नाटक कर
रहा हूँ,

तुम तमाशा देख रहे हो, मैं तमाशा कर रहा हूँ,

तुम रिश्ता बना रहे हो, मैं रिश्ते निभा रहा हूँ,

तुम जसबातो से भाग रहे हो, मैं जसबाती हूँ,

तुम खुद को ढूंढ रहे हो, मैं खुद से रोज मिलता हूँ,

मैं एक लेखक हूँ, अभिनेता हूँ,

शब्दों से खेल के, कहानियां बना कर, उन्हें जीता
हूँ।

मेरा और उसका!

कलम मेरा, कागज़ मेरा और शब्द उसके,

दिल मेरा, दिमाग मेरा और खयाल उसके,

ग्लास मेरा, शराब मेरी और नशा उसका,

आँखे मेरी, नींद मेरी और ख्वाब उसका,

ज़रूरत मेरी, ख्वाहिश मेरी और चाहत उसकी,

गर्मी मेरी, सर्दी मेरी और बारिश उसकी,

इश्क़ मेरा, मोहोबत मेरी और यादे उसकी,

सफर मेरा, अल्फ़ाज़ मेरे और कहानी उसकी,

मजहब मेरा, खुदा मेरा और इबादत उसकी,

ज़िन्दगी मेरी, मौत मेरी और सबकुछ उसका।

बर्बाद!

बर्बाद होना है?

तो इश्क़ कर लो।

आबाद होना है?

तो उस इश्क़ की इबादत।

फिर से बर्बाद होना है?

तो उस इश्क़ का इंतजार।

फिर से आबाद होना है?

तो उस बर्बादी के साथ जीना सीख लो।

परिंदा

आज एक परिंदा उड़ा है, उन ख्वाबों के आसमान में,

कुछ उमीदों, बहुत सारा हौसला और छोटे से पंखों के साथ,

घोसला छोड़ना मुश्किल था, ठीक पहली उड़ान की तरह,

सपनो से हिम्मत उधार ले के, माँ से सारा प्यार ले के,

आज एक परिंदा उड़ा है, उन ख्वाबों के आसमान में।

पंखों से दूरी तय करना तो आसान है, लेकिन मंज़िल दूर है,

जिम्मेदारियों के आगे बेबस, रुकता, थमता, खुद से लड़तां,

जीतने का जज़्बा कहाँ से लाया? बाप ने हार
मानना ही नहीं सिखाया,

गर्म, तेज हवा, तूफ़ान, बारिश, वापसी का मन,
भटकने का डर,

ख्वाबों को पूरा करने की वो ज़िद्द, तय करवा रही
थी डगर,

आज फिर एक परिंदा उड़ा है, उन ख्वाबों के
आसमान में।

माँ

तुमने ही सब सिखाया है,

जानवर से इंसान बनाया है,

भगवान ने तुम्हे बड़ी फ़ुरसत में बनाया है।

उस छोटी सी रसोई में तुमने अपना पूरा जीवन बिताया है,

कोई घर में भूखा ना सोए, इसका ठेका भी तुमने उठाया है,

भगवान ने तुम्हे बड़ी फ़ुरसत में बनाया है।

इस त्याग भावना को तुमने कहाँ से पाया है?

अपने हिस्से का भी अपने बच्चो को खिलाया है, दिलाया है,

भगवान ने तुम्हे बड़ी फ़ुरसत में बनाया है।

हमारे वो 9 महीने सुकून से बीत जाए, इस के लिए
तुमने खुद कितना कष्ट उठाया है,

नसीब वाले है वो जिनको मिलता ताउम्र तुम्हारा
साया है,

भगवान ने तुम्हे बड़ी फुरसत में बनाया है।

जो कुछ भी है जिंदगी में, वो तुम्हारा आशीर्वाद ही
लाया है,

हर तकलीफ में तुम्हारा ही नाम सबसे पहले ज़ुबान
पर आया है,

भगवान ने तुम्हे बड़ी फुरसत में बनाया है।

हमेशा घर में घुसते ही, सबसे पहले तुम्हारा नाम
बुलाया है,

आँखो को चैन तुम्हे देखने के बाद ही आया है,

भगवान ने तुम्हे बड़ी फुरसत में बनाया है।

अक्सर लोगो को कहते सुना है, तुम वो हो जो
सबसे ज़्यादा याद आया है,

मरने के बाद भी उनको महसूस होती तुम्हारी छाया
है,

सच में, भगवान ने तुम्हे बड़ी फ़ुरसत में बनाया है।

खुदा ने खुद से भी ऊपर तुम्हे बैठाया है,

क्योंकि उसने भी तो एक माँ से ही जन्म पाया है।

शिकवा!

तूने ही तो बनाया था,

तूने ही तोड़ दिया।

फिर शिकवा कैसा?

तूने ही तो खुशियां दी थी,

तूने ही छीन ली।

फिर शिकवा कैसा?

शिकवा है, बताऊं?

पर तू सुनेगी ही नहीं,

सुन भी लेगी,

तो समझेगी नहीं,

और समझेगी ही नहीं,

तो फिर शिकवा कैसा?

जाने दिया!

इश्क़ था तो जाने दिया,

ज़रूरत होती तो रोक लेता,

नफ़रत होती तो मार देता,

ख़्वाहिश होती तो पूरी कर लेता,

जिद होती तो अड़ जाता,

आदत होती तो छोड़ देता,

पर, इश्क़ था तो जाने दिया,

रूह!

किसी से दिल लग जाता है,

किसी से मन्न लग जाता है,

किसी से दिमाग मिल जाता है,

किसी से शरीर मिल जाता है,

तुमसे रूह जुड़ गई थी!

कयामत!

कयामत जब आएगी तब आएगी,

कोई उसको बोलो, ऐसे चला न करे,

चलती है तो, पीछे मुड़ा न करे,

पीछे मुड़ती है तो, जुल्फ़ों पर हाथ फेरा न करे,

हाथ फेरती है तो, फिर उनसे खेला न करे,

खेलती है तो, मुस्कुराया न करे,

उसके डिंपल कयामत से कम नहीं!

जिंदगी

जिंदगी है, जी लेंगे।

ग़म है, पी लेंगे।

ख़ुशी है, बाँट लेंगे।

दर्द है, सह लेंगे।

ज़िद है, पूरी कर लेंगे।

पर हार नहीं मानेंगे।

कुछ है!

ये वो है जो वेदों में नहीं लिखा,

ये वो है जो संस्कारो में नहीं सीखा,

ये वो है जो किताबों में नहीं पढ़ा,

ये वो है जो खोजने से भी नहीं मिला,

ये वो है जो कहानियों में नहीं सुना,

ये कुछ है हमारे बीच, जो उसको पता है और
मुझको पता,

ये रिश्ता ही ऐसा है, जो शब्दों में ना हो बयां!

खुशबू!

वो?

वो तो एक तरह की खुशबू है, जिसको रोज़ पहन के ही बाहर निकलता हूँ!

क्यों?

जिससे कि सबको हमारे साथ होने का एहसास, मेरे बताने से पहले हो जाए!

कबतक?

जबतक की उसकी खुशबू बदल नही जाती!

इरादा?

इरादा तो वही है जो एक फूल का होता है, मुरझाने के बाद भी खुशबू को आसानी से नहीं छोड़ता।

सुबह

ये कविता एक ऐसे इंसान की जिसको अब सुबह से
डर लगता है।

सुबह से एक अजीब सा डर लगता है अब,

सुबह उठते ही रेस चालू कामयाब होने की, पैसा
कमाने की, रात भर जो सपने देखे,

उन सपनों को पूरा करने की।

प्रेशर की कहीं उन्हें पूरा नहीं कर पाया तो?

डर! हार जाने का, और उससे भी ज़्यादा डर,

उन लोगो को जवाब देने का जिनको मुझपर मेरे से
ज़्यादा भरोसा है।

माँ पापा से नज़रे मिलने का डर,

जिस लड़की को हर रात सपनों में देखा,

उसको आगे जा के ना पाने का डर।

कभी कभी इस सब से भाग जाने का दिल करता है,

पर फिर भगोड़े का टैग लग जाने का डर,

क्या मैं भाग नही सकता इस सब से? उसके साथ,
वहाँ जहाँ सुबह ही ना हो, रात ही रहे,

आखिर जीने के लिए तो तीन वक्त की रोटी ही
काफ़ी है।

फिर इस डर के साथ वाली सुबह का क्या करना,
रातों को ही पेट भर लेंगे, सपनों के साथ!

मासूमियत!

जिंदगी में सब कुछ पाने के चक्कर में,

बचपन की वो मासूमियत कहीं खो गई।

पुराना घर!

कल पुराना घर बेच दिया,

शायद सब के लिए वो बस एक घर था,

पर मेरे लिए, मेरा पूरा बचपन।

तुमसे पहले, तुम्हारे बाद!

तुमसे पहले, हर किसी में प्यार ढूंढता था,

तुम्हारे बाद, हर किसी में तुम्हे ढूंढ रहा हूँ।

आत्म संतुष्टि!

सबको लगता है कि मैं उसके लिए लिखता हूँ,

नहीं, मैं खुद के लिए लिखता हूँ।

किस्से

क्या तुम भी हमारे किस्से सबको सुनाती हो?

क्या तुम्हें याद भी हैं?

उम्मीद!

अब सब कभी ठीक नहीं हो सकता,

ये या तो तुम समझती हो, या मैं समझता हूँ,

पर ये उम्मीद क्यूं नहीं समझ रही?

यादें

ये यादें भी अजीब हैं,

न चाहने वाली जगह पर भी ले जाती हैं।

कैद!

छोड़ तो दिया ही था,

अब इन यादों कि कैद से भी रिहा कर दे।

अधूरी!

किस्से बहुत सारे हैं,

पर कहानी अधूरी रह गई।

हिसाब!

मैं वहाँ हिसाब दे दूंगा,

क्या तुम वहाँ हिसाब दे पाओगी?

अपने ज़हन में रखना कि,

पूरी कायनात गवाह है, उस अधूरी दास्तान कि।

अंधेरा

अब तू रोशनी में भी नहीं दिखती,

तो अंधेरे को क्या कोसना।

ख़तम!

ख़तम तो हम उसी दिन हो गए थे,

अब तो बस साँसे चल रही हैं।

नहीं छोड़ना!

कुछ चीजें उसकी मुझे नहीं छोड़ रहीं,

और कुछ चीजों को मैं नहीं छोड़ रहा।

कुछ!

उससे, उसका, उसतक,

कुछ था,

कुछ है,

और कुछ हमेशा रहेगा।

खुशी

उसको लगा वो मेरी खुशी में शामिल थी,

मैं उसको बताना चाहता हूँ कि,

वो मेरी खुशी थी।

मंजिल

मंजिल के रास्ते में मिली थी,

पता नहीं कब मंजिल बन गई।

इबादत!

मोहब्बत करने से तो रोक लोगी,

इबादत तो फिर भी करूंगा।

भूल!

दुआयों में सब उस के लिए मांगने के चक्कर में,

उसको ही खुद के लिए मांगना भूल गया।

मलाल!

वो जो भी बोलती, मैं सब पर विश्वास कर लेता था,

आखिर में दिल टूटने से ज्यादा, विश्वास टूटने का मलाल था।

इश्क!

इश्क ढूंढना नहीं पड़ता, खुद मिल जाता है,

इश्क करना नहीं पड़ता, खुद हो जाता है।

सौदा!

ख़्वाबों की अहमियत उस दिन पता चल गई,

जिस दिन ज़िंदगी ने कुछ देने के लिए सौदा करा।

मुकाम

अपनी मेहनत से उस मुकाम पर पहुंचने वालों के

पास कुछ हो या न हो,

एक कहानी होती है सुनाने के लिए।

छत!

कल रात फिर बारिश पड़ रही थी,

कल रात फिर सड़क पर सोने वाले लोग छत ढूंढ
रहे थे।

भोजन!

उसको कूड़ा समझ के फेंकने से पहले ज़रा सोचो,

जो तुम्हारे लिए कूड़ा है,

वो किसी के लिए एक वक्त का भोजन है!

मैं और मेरी अम्मा!

2nd, Jan, 2002 (रामपुर, उत्तर प्रदेश)

मैं तब आठ साल का था। सुबह भी एक मामूली सुबह सी ही थी। पापा अपने काम पर जाने की तैयारी में लगे थे, माँ सब के लिए नाश्ता बना रहीं थीं और बाबा खा रहे थे। इन दिनों में उत्तर प्रदेश में कड़ाके की ठंड पड़ती है तो अम्मा और हम बच्चे अंगीठी के आगे बैठे हाथ सेक रहे थे। सर्दियों की छुट्टियों के चलते मेरी चचेरी बहन भी मेरे घर आई हुई थी।

अचानक सूरज दिखाई दिया बहुत दिनों बाद और चारो ओर धूप निकाल आई। धूप में छत पर बैठने का रिवाज़ हुआ करता था, रिवाज़ के तहत मैं, मेरी दोनो बेहेने एक दम ऊपर भाग गए। अम्मा को भी ऊपर आना था और उन्होंने भी एक बाल्टी में थोड़े से गीले कपड़े लिए जो की उनको ऊपर ही सुखाने थे धूप में। २,३ सीढ़ियां चढ़ने के बाद ही अम्मा के गिरने की आवाज़ पूरे घर में आई, ऊपर तक। उनके

लिए गिरना बहुत ही आम बात थी, दिमाग में ट्यूमर की वज़ह से उन्हें अकसर ब्लैक ऑउत्स हुए करते थे। मुझे लगा आज भी वैसा ही कुछ हुआ होगा और वो वापस उठ जाएंगी। हम बच्चों को ऊपर से नीचे आने को मना कर दिया पर मेरा एक कान और आँख लगातार जाल से नीचे की तरफ ही लगे हुए थे।

लोगो की भीड़ घर में आने लगी, तब मुझे लगा कि आज कुछ तो अलग हुआ है। मैं भी भाग कर नीचे गया तब पापा ने डॉक्टर बी.बी. शर्मा को पहले से ही बुलाया हुआ था। मैंने उन्हें कहते हुए सुना 'बहुत मुश्किल है पर आप इनको साईं हॉस्पिटल, मुरादाबाद ले जाएं क्योंकि इस बार ट्यूमर दिमाग में फत गया है।' पापा ने बिना सोचे एक एम्बुलेंस को फोन कर दिया था। नीचे बहुत सारे लोगों की भीड़ जमा थी। मैं सबको हटाते हुए सीधा अंदर गया और अम्मा को देखा, साँसे चल रही थी, एक आंख काफी सूजी हुई थी। दूसरी आंख को उन्होंने थोड़ा सा हिला कर मेरी तरफ देखा, मैंने उनका हाथ छुआ और इतने में वो कुछ बोलना चाहती थी पर पीछे से मम्मी की आवाज़ आई की इनकी साँस देखो

आकर। पापा भाग के आए और देखा तो सिर्फ शरीर था वहाँ, आत्मा जा चुकी थी परमात्मा के पास।

आज भी लगता है, काश उस दिन भी धूप ना निकली होती तो हम सब ऊपर ही ना जाते। काश, उस दिन मैं पहले ऊपर नहीं गया तो मैं भी उनके साथ ही ऊपर जाता और उन्हें गिरने से बचा लेता। काश, उनको ट्यूमर हुआ ही ना होता, काश!

मैं आज भी उनकी कमी महसूस करता हूँ और शायद करता रहूँगा पर इसी का नाम ज़िन्दगी है। शायद वो नहीं हैं पर उनका सिखाया हुआ, उनके संस्कार, उनका आशीवाद, सब मेरे साथ आज भी हैं। एक अच्छा इंसान क्या होता है, ये वो बता गई थी। कहीं ना कहीं मैं आज भी उनको अपने आसपास महसूस करता हूँ।

Vulnerability!

It is the state where you can find yourself and grow at a faster pace.

Expectations!

What is hurting you more?

The person or the expectations from him/her?

Think!

Un!

There is something unfinished, untouched, unspoken, unsaid, unsatisfied and undone.

That means our next birth encounter is confirmed, my love. See you there!

Infinity!

She says 'we are like the parallel lines', but allow me to inform you that the parallel lines intersect (meet) each other beyond reality, at infinity.

I don't miss you!

With time, you don't miss the person. You miss that magic, connection, touch, care, togetherness, long chats, fights, oh Damn!

I miss you!

BY-AY!

History is divided into B.C. and A.D. likewise; my life has divided into B.Y. and A.Y.

B.Y.* Before You

A.Y.* After You

Other Side!

Let's meet on the other side of the world where there are just souls, no hearts, no brains, only souls.

Parallel Universe

In the parallel universe, we have kids just like we had planned. I explore that universe sometimes via thoughts just to make myself happy and sad, simultaneously.

The story of one!

You left me alone is less hurting than the fact
that you never loved me the way I did and the
way I still do.

The story of two!

'She was there.'

'I was there.'

There was a lack of words for the first and the
last time.

The Story of three!

The way she used to describe me to her friends, similarly she described him.

'The moment I realised I have to leave.'

The Story of four!

We were in each other's arms, listening to songs from my playlist, on my phone.

The phone randomly started playing a song; it reminded her of HIM and me of YOU.

We instantly closed our eyes and held each other tighter.

Emotions!

Purchase toys or join a sports club, but please do not play with others' emotions.

P.S- Please!

Being Writer!

I merely play with words; emotions come along.

Gemini

What if I tell you that the way you know me,
is the way I wanted you to know me!

Good People!

Either people are good, or they know how to
portray one.

Addiction!

It's not the break-up I am dealing with; it's her addiction that's killing me inside out.

The last request!

You revealed to me your kiddish side, do you remember? Yeah, that one.

I request you, do not show that side to anyone else now. I can't share that.

My last request.

Serendipity!

'Goodbye,' she said.

'See you' I said.

Let destiny decides the rest.

Destiny!

Me: I am not falling in love again!

Destiny: Wait! What?

Overthinking!

Overthinking is fun until maturity hits; it is risky when you fall in love, and suicidal when you are dealing with heartbreak.

Decision!

Sometimes, people make decisions out of nothing.

You!

Love, peace, happiness, connection, forgiveness, whatever you are searching outside, lies inside you.

Real!

With you, I experienced both.

Real Love and Real Loss!

New Me!

You have taken some part of me and left some of your part in me, and now, I am a whole new person. I don't even know myself anymore.

Strength!

I used to be strong, but in the process of moving on, I felt weak as I realised you weren't there.

You were my 'Strength'.

Tag-less Relationship!

Let's not tag this relationship as tags have expiry dates on them.

Close!

Even CLOSE is not enough to describe what
I have experienced with YOU.

Fly!

She wanted to fly since the beginning, but society merely taught her to walk.

Selfish!

Every single person is selfish in one or another way.

The Album!

'Where is that family album Maa?' Shreya screamed.

'In the same storeroom, you have been searching for hours' mom replied.

'I found it' Shreya informed.

'Where exactly?' Mom asked.

'In Grandma's old almirah,' Shreya replied while walking towards her mom.

'It is impossible' Mom replied instantly.

'What...I mean why?' Shreya asked her mom in confusion.

'I sold that almirah two years back when your grandma died' Mom told her.

Both in shock.

Shreya opens the Album instantly.

It contains all the photos of her mother killing her grandma with a pillow and,

The Album disappears!

Alien!

Just like Rohit Mehra (Koi Mil Gaya), I have an alien. He has superpowers. He fulfils all my wishes, just like the movie, and he doesn't even need 'Dhoop' to perform magic. I can't identify the planet he belongs to, but definitely, his unconditional love for me doesn't seem from the same planet I belong to. He always sacrifices for me.

Rohit calls him 'Jadoo.'

I call him Papa.

The Last call!

29/Jan/2019 Mid-Night,

I called you late at night as per your promise of the last call. In the first place, you didn't pick up, you broke the last promise just like every other. Moreover, your phone was busy, I tried every half an hour, but it was busy for a continuous three hours. You violated your promise then I violated mine by contacting your roommate. Finally, with her help, you came on the phone. First and the last time you were not you. I realised with your introductory word. I, however, tried talking to you. You were barely listening to my side. Your words were harsh. The first time, I realised how words could be more painful than anything else. But trust me those words helped me a lot in the process of moving on.

The first time, I got to know the tone of evil. The mood was scary. It had ego, anger, aggression and hatred. The first time, you revealed to me that even you are immature. You were out of your control. The first time, you involved my family and that also in an exceedingly terrible sense. I experienced the inner pain in my body for the first time. I lost you. The first time, I realised it was the right time to leave. That last call helped me the most to get over you.

There were so many 'firsts' in THE LAST CALL.

तुम?

तुम!

मैं जिस शहर से हूँ, वहाँ अपने से छोटे को तू और
बड़े को आप कहकर संबोधित करते हैं, पर मेरी
कविता है 'तुम'

सुबह जो सूरज निकलने से समुंद्र में एक चमक आ जाती है, वो मेरी चमक थी तुम!

कभी-कभी चेहरे पर जो बेवजह की मुस्कुराहट आ जाती है, वो मेरी मुस्कुराहट थी तुम!

बचपन की पहली बारिश देखी, कुछ तो अलग महसूस हुआ था, पर अब एहसास है, वो मेरी पहली बारिश थी तुम!

इस ज़िंदगी में सिर्फ एक ही बार आशिक़ी हुई, वो मेरी आशिक़ी थी तुम!

कुछ ख़्वाब खुली आँखों से भी दिखाई देते हैं, वो मेरा ख़्वाब थी तुम!

एक मक़सद ज़िंदगी में ढूंढ रहा था जीने का, वो मेरा मक़सद थी तुम!

देवदास-पारो को सब जानते हैं, खुद को देवदास तो नही कहूँगा, पर मेरी पारो थी तुम!

दुनिया में जीत जाने की एक उम्मीद सबको होती है, मेरी वो उम्मीद थी तुम!

सब कुछ मिल जाने के बाद जो इंसान में एक गुरूर आ जाता है, वो मेरा गुरूर थी तुम!

इस कविता के ज़रिए, पूरी एक कहानी बयां कर दी है, वो कहानी थी तुम!